PINHOK™
LANGUAGES

www.pinhok.com

Introduction

This Book

This vocabulary book is a curated word frequency list with 2000 of the most commonly used words and phrases. It is not a conventional all-in-one language learning book but rather strives to streamline the learning process by concentrating on early acquisition of the core vocabularies. The result is a unique vocabulary book ideal for driven learners and language hackers.

Learning Community

If you find this book helpful, do us and other fellow learners a favour and leave a comment wherever you bought this book explaining how you use this book in your learning process. Your thoughts and experiences can help and have a positive impact on numerous other language learners around the world. We are looking forward to your stories and thank you in advance for your insights!

Pinhok Languages

Pinhok Languages strives to create language learning products that support learners around the world in their mission of learning a new language. In doing so, we combine best practice from various fields and industries to come up with innovative products and material.

The Pinhok Team hopes this book can help you with your learning process and gets you to your goal faster. Should you be interested in finding out more about us, please go to our website www.pinhok.com. For feedback, error reports, criticism or simply a quick "hi", please also go to our website and use the contact form.

Disclaimer of Liability

I	ja
you (singular)	ti
he	on
she	ona
it	ono
we	mi
you (plural)	vi
they	oni
what	što
who	tko
where	gdje
why	zašto
how	kako
which	koji
when	kada
then	onda
if	ako
really	zaista
but	ali
because	jer
not	ne
this	ovo
I need this	Treba mi ovo
How much is this?	Koliko ovo košta?
that	to

all	sve
or	ili
and	i
to know	znati
I know	Znam
I don't know	Ne znam
to think	misliti
to come	doći
You definitely have to come	Definitivno moraš doći
to put	staviti
to take	uzeti
to find	pronaći
to listen	slušati
to work	raditi
to talk	pričati
to give (somebody something)	dati
to like	sviđati
to help	pomoći
Can you help me?	Možete li mi pomoći?
to love	voljeti
to call	zvati
to wait	čekati
I like you	Sviđaš mi se
I don't like this	Ne sviđa mi se ovo
Do you love me?	Voliš li me?

I love you	Volim te
0	nula
1	jedan
2	dva
3	tri
4	četiri
5	pet
6	šest
7	sedam
8	osam
9	devet
10	deset
11	jedanaest
12	dvanaest
13	trinaest
14	četrnaest
15	petnaest
16	šesnaest
17	sedamnaest
18	osamnaest
19	devetnaest
20	dvadeset
new	novo
old (not new)	staro
few	malo

many	mnogo
how much?	koliko?
how many?	koliko?
wrong	pogrešno
correct	točno
bad	loše
good	dobro
happy	sretno
short (length)	kratko
long	dugo
small	malo
big	veliko
there	tamo
here	ovdje
right	desno
left	lijevo
beautiful	lijep
young	mlad
old (not young)	star
hello	zdravo
see you later	vidimo se
ok	u redu
take care	čuvaj se
don't worry	ne brini
of course	naravno

good day	dobar dan
hi	bok
bye bye	zbogom
good bye	doviđenja
excuse me	oprostite
sorry	izvini
thank you	hvala
please	molim
I want this	Želim ovo
now	sada
afternoon	(N) poslijepodne
morning (9:00-11:00)	(N) prijepodne
night	(F) noć
morning (6:00-9:00)	(N) jutro
evening	(F) večer
noon	(N) podne
midnight	(F) ponoć
hour	(M) sat
minute	(F) minuta
second (time)	(F) sekunda
day	(M) dan
week	(M) tjedan
month	(M) mjesec
year	(F) godina
time	(N) vrijeme

date (time)	(M) datum
the day before yesterday	prekjučer
yesterday	jučer
today	danas
tomorrow	sutra
the day after tomorrow	preksutra
Monday	(M) ponedjeljak
Tuesday	(M) utorak
Wednesday	(F) srijeda
Thursday	(M) četvrtak
Friday	(M) petak
Saturday	(F) subota
Sunday	(F) nedjelja
Tomorrow is Saturday	Sutra je subota
life	(M) život
woman	(F) žena
man	(M) muškarac
love	(F) ljubav
boyfriend	(M) dečko
girlfriend	(F) djevojka
friend	(M) prijatelj
kiss	(M) poljubac
sex	(M) seks
child	(N) dijete
baby	(F) beba

girl	(F) djevojka
boy	(M) dječak
mum	(F) mama
dad	(M) tata
mother	(F) majka
father	(M) otac
parents	(M) roditelji
son	(M) sin
daughter	(F) kći
little sister	(F) mlađa sestra
little brother	(M) mlađi brat
big sister	(F) starija sestra
big brother	(M) stariji brat
to stand	stajati
to sit	sjediti
to lie	ležati
to close	zatvoriti
to open (e.g. a door)	otvoriti
to lose	izgubiti
to win	pobijediti
to die	umrijeti
to live	živjeti
to turn on	uključiti
to turn off	isključiti
to kill	ubiti

to injure	ozlijediti
to touch	dodirnuti
to watch	gledati
to drink	piti
to eat	jesti
to walk	hodati
to meet	upoznati
I am looking forward to seeing you	Veselim se što ću te vidjeti
to bet	kladiti se
to kiss	poljubiti
to follow	pratiti
to marry	vjenčati se
to answer	odgovoriti
to ask	pitati
question	(N) pitanje
company	(F) kompanija
business	(M) biznis
job	(M) posao
money	(M) novac
telephone	(M) telefon
office	(M) ured
doctor	(M) doktor
hospital	(F) bolnica
nurse	(F) medicinska sestra
policeman	(M) policajac

president (of a state)	(M) predsjednik
Do you have a phone?	Imaš li telefon?
My telephone number is one four three two eight seven five four three	Moj telefonski broj je jedan četiri tri dva osam sedam pet četiri tri
white	bijela
black	crna
red	crvena
blue	plava
green	zelena
yellow	žuta
slow	sporo
quick	brzo
funny	smiješno
unfair	nepravedno
fair	pravedno
difficult	teško
easy	lako
This is difficult	Ovo je teško
rich	bogat
poor	siromašan
strong	snažno
weak	slabo
safe (adjective)	sigurno
tired	umorno
proud	ponosno
full (from eating)	sito

sick	bolesno
healthy	zdravo
angry	ljutito
low	nisko
high	visoko
straight (line)	ravno
every	svaki
always	uvijek
actually	zapravo
again	ponovno
already	već
less	manje
most	najviše
more	više
I want more	Želim više
none	nijedan
very	vrlo
animal	(F) životinja
pig	(F) svinja
cow	(F) krava
horse	(M) konj
dog	(M) pas
sheep	(F) ovca
monkey	(M) majmun
cat	(F) mačka

bear	(M) medvjed
chicken (animal)	(F) kokoš
duck	(F) patka
butterfly	(M) leptir
bee	(F) pčela
fish (animal)	(F) riba
Usually I don't eat fish	Obično ne jedem ribu
spider	(M) pauk
snake	(F) zmija
I have a dog	Imam psa
outside	vani
inside	unutra
far	daleko
close	blizu
below	ispod
above	iznad
beside	pored
front	ispred
back (position)	iza
sweet	slatko
sour	kiselo
strange	čudno
soft	meko
hard	tvrdo
cute	sladak

stupid	glup
crazy	lud
busy	zauzet
tall	visok
short (height)	nizak
worried	zabrinut
surprised	iznenađen
cool	kul
well-behaved	dobro odgojen
evil	zao
clever	pametan
cold (adjective)	hladno
hot (temperature)	vruće
head	(F) glava
nose	(M) nos
hair	(F) kosa
mouth	(F) usta
ear	(N) uho
eye	(N) oko
hand	(F) šaka
foot	(N) stopalo
heart	(N) srce
brain	(M) mozak
to pull (... open)	vući
to push (... open)	gurati

to press (a button)	pritisnuti
to hit	udariti
to catch	uhvatiti
to fight	boriti se
to throw	baciti
to run	trčati
to read	čitati
to write	pisati
to fix	popraviti
to count	brojati
to cut	rezati
to sell	prodati
to buy	kupiti
to pay	platiti
to study	učiti
to dream	sanjati
to sleep	spavati
to play	igrati
to celebrate	slaviti
to rest	odmarati
to enjoy	uživati
to clean	čistiti
school	(F) škola
house	(F) kuća
door	(F) vrata

husband	(M) muž
wife	(F) žena
wedding	(N) vjenčanje
person	(F) osoba
car	(M) auto
home	(M) dom
city	(M) grad
number	(M) broj
21	dvadeset jedan
22	dvadeset dva
26	dvadeset šest
30	trideset
31	trideset jedan
33	trideset tri
37	trideset sedam
40	četrdeset
41	četrdeset jedan
44	četrdeset četiri
48	četrdeset osam
50	pedeset
51	pedeset jedan
55	pedeset pet
59	pedeset devet
60	šezdeset
61	šezdeset jedan

62	šezdeset dva
66	šezdeset šest
70	sedamdeset
71	sedamdeset jedan
73	sedamdeset tri
77	sedamdeset sedam
80	osamdeset
81	osamdeset jedan
84	osamdeset četiri
88	osamdeset osam
90	devedeset
91	devedeset jedan
95	devedeset pet
99	devedeset devet
100	sto
1000	tisuću
10.000	deset tisuća
100.000	sto tisuća
1.000.000	milijun
my dog	moj pas
your cat	tvoja mačka
her dress	njena haljina
his car	njegov auto
its ball	njegova lopta
our home	naš dom

your team	vaš tim
their company	njihova kompanija
everybody	svi
together	zajedno
other	drugo
doesn't matter	nema veze
cheers	živjeli
relax	opusti se
I agree	slažem se
welcome	molim
no worries	nema na čemu
turn right	skreni desno
turn left	skreni lijevo
go straight	idi ravno
Come with me	Pođi sa mnom
egg	(N) jaje
cheese	(M) sir
milk	(N) mlijeko
fish (to eat)	(F) riba
meat	(N) meso
vegetable	(N) povrće
fruit	(F) voćka
bone (food)	(F) kost
oil	(N) ulje
bread	(M) kruh

sugar	(M) šećer
chocolate	(F) čokolada
candy	(M) bombon
cake	(F) torta
drink	(N) piće
water	(F) voda
soda	(F) mineralna voda
coffee	(F) kava
tea	(M) čaj
beer	(N) pivo
wine	(N) vino
salad	(F) salata
soup	(F) juha
dessert	(M) desert
breakfast	(M) doručak
lunch	(M) ručak
dinner	(F) večera
pizza	(F) pica
bus	(M) autobus
train	(M) vlak
train station	(F) željeznička stanica
bus stop	(F) autobusna postaja
plane	(M) avion
ship	(M) brod
lorry	(M) kamion

bicycle	(M) bicikl
motorcycle	(M) motor
taxi	(M) taksi
traffic light	(M) semafor
car park	(N) parkiralište
road	(F) cesta
clothing	(F) odjeća
shoe	(F) cipela
coat	(M) kaput
sweater	(M) džemper
shirt	(F) košulja
jacket	(F) jakna
suit	(N) odijelo
trousers	(F) hlače
dress	(F) haljina
T-shirt	(F) majica
sock	(F) čarapa
bra	(M) grudnjak
underpants	(F) gaće
glasses	(F) naočale
handbag	(F) taška
purse	(F) torbica
wallet	(M) novčanik
ring	(M) prsten
hat	(M) šešir

watch	(M) sat
pocket	(M) džep
What's your name?	Kako se zoveš?
My name is David	Zovem se David
I'm 22 years old	Imam 22 godine
Sorry, I'm a little late	Oprosti, malo kasnim
How are you?	Kako si?
Are you ok?	Jesi li dobro?
Where is the toilet?	Gdje je zahod?
I miss you	Nedostaješ mi
spring	(N) proljeće
summer	(N) ljeto
autumn	(F) jesen
winter	(F) zima
January	(M) siječanj
February	(F) veljača
March	(M) ožujak
April	(M) travanj
May	(M) svibanj
June	(M) lipanj
July	(M) srpanj
August	(M) kolovoz
September	(M) rujan
October	(M) listopad
November	(M) studeni

December	(M) prosinac
shopping	(F) kupovina
bill	(M) račun
market	(F) tržnica
supermarket	(M) supermarket
building	(F) zgrada
apartment	(M) apartman
university	(N) sveučilište
farm	(F) farma
church	(F) crkva
restaurant	(M) restoran
bar	(M) bar
gym	(F) teretana
park	(M) park
toilet (public)	(M) toalet
map	(F) karta
ambulance	(F) ambulanta
police	(F) policija
gun	(M) pištolj
firefighters	(M) vatrogasci
country	(F) država
suburb	(N) predgrađe
village	(N) selo
health	(N) zdravlje
medicine	(M) lijek

accident	(F) nesreća
patient	(M) pacijent
surgery	(F) operacija
pill	(F) tableta
fever	(F) groznica
cold (sickness)	(F) prehlada
wound	(F) rana
appointment	(M) zakazani pregled
cough	(M) kašalj
neck	(M) vrat
bottom	(F) stražnjica
shoulder	(N) rame
knee	(N) koljeno
leg	(F) noga
arm	(F) ruka
belly	(M) trbuh
bosom	(F) dojka
back (part of body)	(F) leđa
tooth	(M) zub
tongue	(M) jezik
lip	(F) usna
finger	(M) prst
toe	(M) nožni prst
stomach	(M) želudac
lung	(F) pluća

liver	(F) jetra
nerve	(M) živac
kidney	(M) bubreg
intestine	(N) crijevo
colour	(F) boja
orange (colour)	narančasta
grey	siva
brown	smeđa
pink	roza
boring	dosadno
heavy	teško
light (weight)	lagano
lonely	usamljeno
hungry	gladno
thirsty	žedno
sad	tužno
steep	strmo
flat	ravno
round	okruglo
square (adjective)	kockasto
narrow	usko
broad	široko
deep	duboko
shallow	plitko
huge	ogromno

north	sjever
east	istok
south	jug
west	zapad
dirty	prljavo
clean	čisto
full (not empty)	puno
empty	prazno
expensive	skupo
This is quite expensive	Ovo je dosta skupo
cheap	jeftino
dark	tamno
light (colour)	svijetlo
sexy	seksi
lazy	lijen
brave	hrabar
generous	velikodušan
handsome	zgodan
ugly	ružan
silly	luckast
friendly	ljubazan
guilty	kriv
blind	slijep
drunk	pijan
wet	mokro

dry	suho
warm	toplo
loud	glasno
quiet	mirno
silent	tiho
kitchen	(F) kuhinja
bathroom	(F) kupaonica
living room	(M) dnevni boravak
bedroom	(F) spavaća soba
garden	(M) vrt
garage	(F) garaža
wall	(M) zid
basement	(M) podrum
toilet (at home)	(M) toalet
stairs	(F) stube
roof	(M) krov
window (building)	(M) prozor
knife	(M) nož
cup (for hot drinks)	(F) šalica
glass	(F) čaša
plate	(M) tanjur
cup (for cold drinks)	(F) šalica
garbage bin	(F) kanta za smeće
bowl	(F) zdjela
TV set	(M) televizor

601 - 625

desk	(M) radni stol
bed	(M) krevet
mirror	(N) ogledalo
shower	(M) tuš
sofa	(M) kauč
picture	(F) slika
clock	(M) sat
table	(M) stol
chair	(F) stolica
swimming pool (garden)	(M) bazen
bell	(N) zvono
neighbour	(M) susjed
to fail	podbaciti
to choose	izabrati
to shoot	pucati
to vote	glasati
to fall	pasti
to defend	braniti
to attack	napasti
to steal	ukrasti
to burn	gorjeti
to rescue	spasiti
to smoke	pušiti
to fly	letjeti
to carry	nositi

to spit	pljuvati
to kick	udariti
to bite	gristi
to breathe	disati
to smell	mirisati
to cry	plakati
to sing	pjevati
to smile	smiješiti se
to laugh	smijati se
to grow	narasti
to shrink	skupljati
to argue	svađati se
to threaten	prijetiti
to share	dijeliti
to feed	hraniti
to hide	kriti
to warn	upozoriti
to swim	plivati
to jump	skakati
to roll	kotrljati se
to lift	dizati
to dig	kopati
to copy	kopirati
to deliver	dostaviti
to look for	tražiti

to practice	vježbati
to travel	putovati
to paint	slikati
to take a shower	tуširati se
to open (unlock)	otključati
to lock	zaključati
to wash	prati
to pray	moliti se
to cook	kuhati
book	(F) knjiga
library	(F) knjižnica
homework	(F) domaća zadaća
exam	(M) ispit
lesson	(F) lekcija
science	(F) znanost
history	(F) povijest
art	(F) umjetnost
English	(M) engleski
French	(M) francuski
pen	(N) pero
pencil	(F) olovka
3%	tri posto
first	prvi
second (2nd)	drugi
third	treći

fourth	četvrti
result	(M) rezultat
square (shape)	(M) kvadrat
circle	(M) krug
area	(F) površina
research	(N) istraživanje
degree	(F) diploma
bachelor	(M) diplomac
master	(M) magistar
x < y	x je manji od y
x > y	x je veći od y
stress	(M) stres
insurance	(N) osiguranje
staff	(N) osoblje
department	(M) odjel
salary	(F) plaća
address	(F) adresa
letter (post)	(N) pismo
captain	(M) kapetan
detective	(M) detektiv
pilot	(M) pilot
professor	(M) profesor
teacher	(M) učitelj
lawyer	(M) odvjetnik
secretary	(F) sekretarica

assistant	(M) asistent
judge	(M) sudac
director	(M) direktor
manager	(M) menadžer
cook	(M) kuhar
taxi driver	(M) vozač taksija
bus driver	(M) vozač autobusa
criminal	(M) kriminalac
model	(M) model
artist	(M) umjetnik
telephone number	(M) telefonski broj
signal (of phone)	(M) signal
app	(F) aplikacija
chat	(M) chat
file	(F) datoteka
url	(M) URL
e-mail address	(F) adresa e-pošte
website	(F) web stranica
e-mail	(F) e-pošta
My email address is david at pinhok dot com	Moja adresa e-pošte je david et pinhok točka kom
mobile phone	(M) mobilni telefon
law	(M) zakon
prison	(M) zatvor
evidence	(M) dokaz
fine	(F) kazna

witness	(M) svjedok
court	(M) sud
signature	(M) potpis
loss	(M) gubitak
profit	(M) profit
customer	(F) mušterija
amount	(M) iznos
credit card	(F) kreditna kartica
password	(F) lozinka
cash machine	(M) bankomat
swimming pool (competition)	(M) bazen
power	(F) struja
camera	(M) fotoaparat
radio	(M) radio
present (gift)	(M) poklon
bottle	(F) boca
bag	(F) vrećica
key	(M) ključ
doll	(F) lutka
angel	(M) anđeo
comb	(M) češalj
toothpaste	(F) pasta za zube
toothbrush	(F) četkica za zube
shampoo	(M) šampon
cream (pharmaceutical)	(F) krema

tissue	(F) maramica
lipstick	(M) ruž
TV	(M) TV
cinema	(N) kino
I want to go to the cinema	Želim ići u kino
news	(F) vijesti
seat	(N) sjedalo
ticket	(F) ulaznica
screen (cinema)	(N) platno
music	(F) glazba
stage	(F) pozornica
audience	(F) publika
painting	(N) slikanje
joke	(M) vic
article	(M) članak
newspaper	(F) novine
magazine	(M) časopis
advertisement	(F) reklama
nature	(F) priroda
ash	(M) pepeo
fire (general)	(F) vatra
diamond	(M) dijamant
moon	(M) mjesec
earth	(F) Zemlja
sun	(N) sunce

star	(F) zvijezda
planet	(M) planet
universe	(M) svemir
coast	(F) obala
lake	(N) jezero
forest	(F) šuma
desert (dry place)	(F) pustinja
hill	(N) brdo
rock (stone)	(F) stijena
river	(F) rijeka
valley	(F) dolina
mountain	(F) planina
island	(M) otok
ocean	(M) ocean
sea	(N) more
weather	(N) vrijeme
ice	(M) led
snow	(M) snijeg
storm	(F) oluja
rain	(F) kiša
wind	(M) vjetar
plant	(F) biljka
tree	(N) drvo
grass	(F) trava
rose	(F) ruža

flower	(M) cvijet
gas	(M) plin
metal	(M) metal
gold	(N) zlato
silver	(N) srebro
Silver is cheaper than gold	Srebro je jeftinije od zlata
Gold is more expensive than silver	Zlato je skuplje od srebra
holiday	(M) odmor
member	(M) član
hotel	(M) hotel
beach	(F) plaža
guest	(M) gost
birthday	(M) rođendan
Christmas	(M) Božić
New Year	(F) Nova godina
Easter	(M) Uskrs
uncle	(M) ujak
aunt	(F) ujna
grandmother (paternal)	(F) baka
grandfather (paternal)	(M) djed
grandmother (maternal)	(F) baka
grandfather (maternal)	(M) djed
death	(F) smrt
grave	(M) grob
divorce	(M) razvod

bride	(F) mladenka
groom	(M) mladoženja
101	sto jedan
105	sto pet
110	sto deset
151	sto pedeset jedan
200	dvjesto
202	dvjesto dva
206	dvjesto šest
220	dvjesto dvadeset
262	dvjesto šezdeset dva
300	tristo
303	tristo tri
307	tristo sedam
330	tristo trideset
373	tristo sedamdeset tri
400	četiristo
404	četiristo četiri
408	četiristo osam
440	četiristo četrdeset
484	četiristo osamdeset četiri
500	petsto
505	petsto pet
509	petsto devet
550	petsto pedeset

595	petsto devedeset pet
600	šesto
601	šesto jedan
606	šesto šest
616	šesto šesnaest
660	šesto šezdeset
700	sedamsto
702	sedamsto dva
707	sedamsto sedam
727	sedamsto dvadeset sedam
770	sedamsto sedamdeset
800	osamsto
803	osamsto tri
808	osamsto osam
838	osamsto trideset osam
880	osamsto osamdeset
900	devetsto
904	devetsto četiri
909	devetsto devet
949	devetsto četrdeset devet
990	devetsto devedeset
tiger	(M) tigar
mouse (animal)	(M) miš
rat	(M) štakor
rabbit	(M) zec

lion	(M) lav
donkey	(M) magarac
elephant	(M) slon
bird	(F) ptica
cockerel	(M) pijetao
pigeon	(M) golub
goose	(F) guska
insect	(M) kukac
bug	(F) buba
mosquito	(M) komarac
fly	(F) muha
ant	(M) mrav
whale	(M) kit
shark	(M) morski pas
dolphin	(M) dupin
snail	(M) puž
frog	(F) žaba
often	često
immediately	odmah
suddenly	odjednom
although	iako
I don't understand	Ne razumijem
I'm David, nice to meet you	Ja sam David, drago mi je
Let's watch a film	Pogledajmo film
This is my girlfriend Anna	Ovo je moja djevojka Anna

901 - 925

Let's go home	Idemo kući
I want a cold coke	Želim hladnu kolu
gymnastics	(F) gimnastika
tennis	(M) tenis
running	(N) trčanje
cycling	(M) biciklizam
golf	(M) golf
ice skating	(N) klizanje na ledu
football	(M) nogomet
basketball	(F) košarka
swimming	(N) plivanje
diving (under the water)	(N) ronjenje
hiking	(N) planinarenje
United Kingdom	(N) Ujedinjeno Kraljevstvo
Spain	(F) Španjolska
Switzerland	(F) Švicarska
Italy	(F) Italija
France	(F) Francuska
Germany	(F) Njemačka
Thailand	(M) Tajland
Singapore	(M) Singapur
Russia	(F) Rusija
Japan	(M) Japan
Israel	(M) Izrael
India	(F) Indija

China	(F) Kina
The United States of America	(F) Sjedinjene Američke Države
Mexico	(M) Meksiko
Canada	(F) Kanada
Chile	(M) Čile
Brazil	(M) Brazil
Argentina	(F) Argentina
South Africa	(F) Južnoafrička Republika
Nigeria	(F) Nigerija
Morocco	(M) Maroko
Libya	(F) Libija
Kenya	(F) Kenija
Algeria	(M) Alžir
Egypt	(M) Egipat
New Zealand	(M) Novi Zeland
Australia	(F) Australija
Africa	(F) Afrika
Europe	(F) Europa
Asia	(F) Azija
America	(F) Amerika
quarter of an hour	petnaest minuta
half an hour	pola sata
three quarters of an hour	četrdeset pet minuta
1:00	jedan sat
2:05	dva i pet

3:10	tri i deset
4:15	četiri i petnaest
5:20	pet i dvadeset
6:25	šest i dvadeset pet
7:30	pola osam
8:35	osam i trideset pet
9:40	dvadeset do deset
10:45	petnaest do jedanaest
11:50	deset do dvanaest
12:55	pet do jedan
one o'clock in the morning	jedan sat ujutro
two o'clock in the afternoon	dva sata poslijepodne
last week	prošli tjedan
this week	ovaj tjedan
next week	sljedeći tjedan
last year	prošle godine
this year	ove godine
next year	sljedeće godine
last month	prošli mjesec
this month	ovaj mjesec
next month	sljedeći mjesec
2014-01-01	prvog siječnja dvije tisuće četrnaeste
2003-02-25	dvadeset petog veljače dvije tisuće i treće
1988-04-12	dvanaestog travnja tisuću devetsto osamdeset i osme
1899-10-13	trinaestog listopada tisuću osamsto devedeset devete

1907-09-30	tridesetog rujna tisuću devetsto sedme
2000-12-12	dvanaestog prosinca dvije tisućete
forehead	(N) čelo
wrinkle	(F) bora
chin	(F) brada
cheek	(M) obraz
beard	(F) brada
eyelashes	(F) trepavice
eyebrow	(F) obrva
waist	(M) struk
nape	(M) potiljak
chest	(F) prsa
thumb	(M) palac
little finger	(M) mali prst
ring finger	(M) prstenjak
middle finger	(M) srednji prst
index finger	(M) kažiprst
wrist	(M) ručni zglob
fingernail	(M) nokat
heel	(F) peta
spine	(F) kralježnica
muscle	(M) mišić
bone (part of body)	(F) kost
skeleton	(M) kostur
rib	(N) rebro

vertebra	(M) kralježak
bladder	(M) mjehur
vein	(F) vena
artery	(F) arterija
vagina	(F) vagina
sperm	(F) sperma
penis	(M) penis
testicle	(M) testis
juicy	sočno
hot (spicy)	ljuto
salty	slano
raw	sirovo
boiled	kuhano
shy	stidljiv
greedy	pohlepan
strict	strog
deaf	gluh
mute	nijem
chubby	debeljuškast
skinny	mršav
plump	bucmast
slim	vitak
sunny	sunčano
rainy	kišovito
foggy	maglovito

cloudy	oblačno
windy	vjetrovito
panda	(F) panda
goat	(F) koza
polar bear	(M) polarni medvjed
wolf	(M) vuk
rhino	(M) nosorog
koala	(F) koala
kangaroo	(M) klokan
camel	(F) deva
hamster	(M) hrčak
giraffe	(F) žirafa
squirrel	(F) vjeverica
fox	(F) lisica
leopard	(M) leopard
hippo	(M) nilski konj
deer	(M) jelen
bat	(M) šišmiš
raven	(M) gavran
stork	(F) roda
swan	(M) labud
seagull	(M) galeb
owl	(F) sova
eagle	(M) orao
penguin	(M) pingvin

parrot	(M) papagaj
termite	(M) termit
moth	(M) moljac
caterpillar	(F) gusjenica
dragonfly	(M) vilin konjic
grasshopper	(M) skakavac
squid	(F) lignja
octopus	(F) hobotnica
sea horse	(M) morski konjic
turtle	(F) morska kornjača
shell	(F) školjka
seal	(M) tuljan
jellyfish	(F) meduza
crab	(M) rak
dinosaur	(M) dinosaur
tortoise	(F) kornjača
crocodile	(M) krokodil
marathon	(M) maraton
triathlon	(M) triatlon
table tennis	(M) stolni tenis
weightlifting	(N) dizanje utega
boxing	(M) boks
badminton	(M) badminton
figure skating	(N) umjetničko klizanje
snowboarding	(M) snowboard

skiing	(N) skijanje
cross-country skiing	(N) skijaško trčanje
ice hockey	(M) hokej na ledu
volleyball	(F) odbojka
handball	(M) rukomet
beach volleyball	(F) odbojka na pijesku
rugby	(M) ragbi
cricket	(M) kriket
baseball	(M) bejzbol
American football	(M) američki nogomet
water polo	(M) vaterpolo
diving (into the water)	(M) skokovi u vodu
surfing	(N) surfanje
sailing	(N) jedrenje
rowing	(N) veslanje
car racing	(M) automobilizam
rally racing	(M) reli
motorcycle racing	(M) motociklizam
yoga	(F) joga
dancing	(N) plesanje
mountaineering	(M) alpinizam
parachuting	(N) padobranstvo
skateboarding	(M) skateboarding
chess	(M) šah
poker	(M) poker

climbing	(N) penjanje
bowling	(N) kuglanje
billiards	(M) biljar
ballet	(M) balet
warm-up	(N) zagrijavanje
stretching	(N) istezanje
sit-ups	(M) trbušnjaci
push-up	(M) sklekovi
sauna	(F) sauna
exercise bike	(M) stacionarni bicikl
treadmill	(F) traka za trčanje
1001	tisuću jedan
1012	tisuću dvanaest
1234	tisuću dvjesto trideset četiri
2000	dvije tisuće
2002	dvije tisuće dva
2023	dvije tisuće dvadeset tri
2345	dvije tisuće tristo četrdeset pet
3000	tri tisuće
3003	tri tisuće tri
4000	četiri tisuće
4045	četiri tisuće četrdeset pet
5000	pet tisuća
5678	pet tisuća šesto sedamdeset osam
6000	šest tisuća

7000	sedam tisuća
7890	sedam tisuća osamsto devedeset
8000	osam tisuća
8901	osam tisuća devetsto jedan
9000	devet tisuća
9090	devet tisuća devedeset
10.001	deset tisuća jedan
20.020	dvadeset tisuća dvadeset
30.300	trideset tisuća tristo
44.000	četrdeset četiri tisuće
10.000.000	deset milijuna
100.000.000	sto milijuna
1.000.000.000	milijarda
10.000.000.000	deset milijardi
100.000.000.000	sto milijardi
1.000.000.000.000	bilijun
to gamble	kockati
to gain weight	udebljati se
to lose weight	smršavjeti
to vomit	povraćati
to shout	vikati
to stare	buljiti
to faint	onesvijestiti se
to swallow	gutati
to shiver	drhtati

to give a massage	masirati
to climb	penjati se
to quote	citirati
to print	ispisati
to scan	skenirati
to calculate	računati
to earn	zaraditi
to measure	mjeriti
to vacuum	usisavati
to dry	sušiti
to boil	prokuhati
to fry	pržiti
elevator	(N) dizalo
balcony	(M) balkon
floor	(M) pod
attic	(M) tavan
front door	(F) ulazna vrata
corridor	(M) hodnik
second basement floor	(M) drugi kat u podrumu
first basement floor	(M) prvi kat u podrumu
ground floor	(N) prizemlje
first floor	(M) prvi kat
fifth floor	(M) peti kat
chimney	(M) dimnjak
fan	(M) ventilator

air conditioner	(M) klima uređaj
coffee machine	(M) aparat za kavu
toaster	(M) toster
vacuum cleaner	(M) usisavač
hairdryer	(N) sušilo za kosu
kettle	(M) čajnik
dishwasher	(F) perilica posuđa
cooker	(N) kuhalo
oven	(F) pećnica
microwave	(F) mikrovalna pećnica
fridge	(M) hladnjak
washing machine	(F) perilica za rublje
heating	(N) grijanje
remote control	(M) daljinski upravljač
sponge	(F) spužva
wooden spoon	(F) kuhača
chopstick	(M) štapić za jelo
cutlery	(M) pribor za jelo
spoon	(F) žlica
fork	(F) viljuška
ladle	(F) kutlača
pot	(M) lonac
pan	(F) tava
light bulb	(F) žarulja
alarm clock	(F) budilica

safe (for money)	(M) sef
bookshelf	(F) polica za knjige
curtain	(F) zavjesa
mattress	(M) madrac
pillow	(M) jastuk
blanket	(F) deka
shelf	(F) polica
drawer	(F) ladica
wardrobe	(F) garderoba
bucket	(F) kanta
broom	(F) metla
washing powder	(M) prašak za pranje
scale	(F) vaga
laundry basket	(F) košara za rublje
bathtub	(F) kada
bath towel	(M) ručnik za kupanje
soap	(M) sapun
toilet paper	(M) toaletni papir
towel	(M) ručnik
basin	(M) umivaonik
stool	(F) barska stolica
light switch	(M) prekidač za svjetlo
calendar	(M) kalendar
power outlet	(F) utičnica
carpet	(M) tepih

saw	(F) pila
axe	(F) sjekira
ladder	(F) ljestve
hose	(N) crijevo
shovel	(F) lopata
shed	(F) šupa
pond	(M) ribnjak
mailbox (for letters)	(M) poštanski sandučić
fence	(F) ograda
deck chair	(F) ležaljka
ice cream	(M) sladoled
cream (food)	(N) vrhnje
butter	(M) maslac
yoghurt	(M) jogurt
fishbone	(F) riblja kost
tuna	(F) tuna
salmon	(M) losos
lean meat	(N) nemasno meso
fat meat	(N) masno meso
ham	(F) šunka
salami	(F) salama
bacon	(F) slanina
steak	(M) odrezak
sausage	(F) kobasica
turkey	(F) puretina

chicken (meat)	(F) piletina
beef	(F) govedina
pork	(F) svinjetina
lamb	(F) janjetina
pumpkin	(F) bundeva
mushroom	(F) gljiva
truffle	(M) tartuf
garlic	(M) češnjak
leek	(M) poriluk
ginger	(M) đumbir
aubergine	(M) patlidžan
sweet potato	(M) slatki krumpir
carrot	(F) mrkva
cucumber	(M) krastavac
chili	(M) čili
pepper (vegetable)	(F) paprika
onion	(M) luk
potato	(M) krumpir
cauliflower	(F) cvjetača
cabbage	(M) kupus
broccoli	(F) brokula
lettuce	(F) zelena salata
spinach	(M) špinat
bamboo (food)	(M) bambus
corn	(M) kukuruz

celery	(M) celer
pea	(M) grašak
bean	(M) grah
pear	(F) kruška
apple	(F) jabuka
peel	(F) kora
pit	(F) koštica
olive	(F) maslina
date (food)	(F) datulja
fig	(F) smokva
coconut	(M) kokos
almond	(M) badem
hazelnut	(M) lješnjak
peanut	(M) kikiriki
banana	(F) banana
mango	(M) mango
kiwi	(M) kivi
avocado	(M) avokado
pineapple	(M) ananas
water melon	(F) lubenica
grape	(N) grožđe
sugar melon	(F) dinja
raspberry	(F) malina
blueberry	(F) borovnica
strawberry	(F) jagoda

cherry	(F) trešnja
plum	(F) šljiva
apricot	(F) marelica
peach	(F) breskva
lemon	(M) limun
grapefruit	(M) grejp
orange (food)	(F) naranča
tomato	(F) rajčica
mint	(F) menta
lemongrass	(F) limunska trava
cinnamon	(M) cimet
vanilla	(F) vanilija
salt	(F) sol
pepper (spice)	(M) papar
curry	(M) kari
tobacco	(M) duhan
tofu	(M) tofu
vinegar	(M) ocat
noodle	(M) rezanac
soy milk	(N) sojino mlijeko
flour	(N) brašno
rice	(F) riža
oat	(F) zob
wheat	(F) pšenica
soy	(F) soja

nut	(M) orah
scrambled eggs	(F) kajgana
porridge	(F) kaša
cereal	(F) pahuljice
honey	(M) med
jam	(M) džem
chewing gum	(F) žvakača guma
apple pie	(F) pita od jabuka
waffle	(M) vafl
pancake	(F) američka palačinka
cookie	(M) kolačić
pudding	(M) puding
muffin	(M) mafin
doughnut	(F) krafna
energy drink	(N) energetsko piće
orange juice	(M) sok od naranče
apple juice	(M) sok od jabuke
milkshake	(M) milkshake
coke	(F) cola
lemonade	(F) limunada
hot chocolate	(F) vruća čokolada
milk tea	(M) čaj s mlijekom
green tea	(M) zeleni čaj
black tea	(M) crni čaj
tap water	(F) voda iz slavine

cocktail	(M) koktel
champagne	(M) šampanjac
rum	(M) rum
whiskey	(M) viski
vodka	(F) votka
buffet	(M) bife
tip	(F) napojnica
menu	(M) jelovnik
seafood	(M) plodovi mora
snack	(F) užina
side dish	(M) prilog
spaghetti	(M) špageti
roast chicken	(N) pečeno pile
potato salad	(F) krumpir salata
mustard	(M) senf
sushi	(M) sushi
popcorn	(F) kokice
nachos	(M) nachos
chips	(M) čips
French fries	(M) pomfrit
chicken wings	(F) pileća krilca
mayonnaise	(F) majoneza
tomato sauce	(M) kečap
sandwich	(M) sendvič
hot dog	(M) hot dog

burger	(M) burger
booking	(F) rezervacija
hostel	(M) hostel
visa	(F) viza
passport	(F) putovnica
diary	(M) dnevnik
postcard	(F) razglednica
backpack	(M) ruksak
campfire	(F) logorska vatra
sleeping bag	(F) vreća za spavanje
tent	(M) šator
camping	(N) kampiranje
membership	(N) članstvo
reservation	(F) rezervacija
dorm room	(F) soba u domu
double room	(F) dvokrevetna soba
single room	(F) jednokrevetna soba
luggage	(F) prtljaga
lobby	(N) predvorje
decade	(N) desetljeće
century	(N) stoljeće
millennium	(N) tisućljeće
Thanksgiving	(M) Dan zahvalnosti
Halloween	(F) Noć vještica
Ramadan	(M) Ramazan

grandchild	(N) unuče
siblings	(M) braća i sestre
mother-in-law	(F) svekrva/punica
father-in-law	(M) svekar/punac
granddaughter	(F) unuka
grandson	(M) unuk
son-in-law	(M) zet
daughter-in-law	(F) snaha
nephew	(M) nećak
niece	(F) nećakinja
cousin (female)	(F) rodica
cousin (male)	(M) rođak
cemetery	(N) groblje
gender	(M) spol
urn	(F) urna
orphan	(N) siroče
corpse	(M) leš
coffin	(M) lijes
retirement	(F) mirovina
funeral	(F) sahrana
honeymoon	(M) medeni mjesec
wedding ring	(M) vjenčani prsten
lovesickness	(F) zaljubljenost
vocational training	(N) stručno osposobljavanje
high school	(F) srednja škola

junior school	(F) osnovna škola
twins	(M) blizanci
primary school	(F) osnovna škola
kindergarten	(M) vrtić
birth	(N) rođenje
birth certificate	(M) rodni list
hand brake	(F) ručna kočnica
battery	(M) akumulator
motor	(M) motor
windscreen wiper	(M) brisači
GPS	(M) GPS
airbag	(M) zračni jastuk
horn	(F) truba
clutch	(N) kvačilo
brake	(F) kočnica
throttle	(M) gas
steering wheel	(M) volan
petrol	(M) benzin
diesel	(M) dizel
seatbelt	(M) pojas
bonnet	(F) hauba
tyre	(F) guma
rear trunk	(M) stražnji prtljažnik
railtrack	(M) kolosijek
ticket vending machine	(M) automat za prodaju karata

ticket office	(M) ured za prodaju karata
subway	(F) podzemna željeznica
high-speed train	(M) brzi vlak
locomotive	(F) lokomotiva
platform	(F) platforma
tram	(M) tramvaj
school bus	(M) školski autobus
minibus	(M) minibus
fare	(F) vozarina
timetable	(M) raspored
airport	(F) zračna luka
departure	(M) odlazak
arrival	(M) dolazak
customs	(F) carina
airline	(F) aviokompanija
helicopter	(M) helikopter
check-in desk	(F) recepcija
carry-on luggage	(F) ručna prtljaga
first class	(F) prva klasa
economy class	(F) ekonomska klasa
business class	(F) poslovna klasa
emergency exit (on plane)	(M) izlaz u nuždi
aisle	(M) prolaz
window (in plane)	(M) prozor
row	(M) red

wing	(N) krilo
engine	(M) motor
cockpit	(M) kokpit
life jacket	(M) pojas za spašavanje
container	(M) kontejner
submarine	(F) podmornica
cruise ship	(M) kruzer
container ship	(M) kontejnerski brod
yacht	(F) jahta
ferry	(M) trajekt
harbour	(F) luka
lifeboat	(M) čamac za spašavanje
radar	(M) radar
anchor	(N) sidro
life buoy	(M) pojas za spašavanje
street light	(F) ulična rasvjeta
pavement	(M) pločnik
petrol station	(F) benzinska postaja
construction site	(N) gradilište
speed limit	(N) ograničenje brzine
pedestrian crossing	(M) pješački prijelaz
one-way street	(F) jednosmjerna ulica
toll	(F) cestarina
intersection	(N) raskrižje
traffic jam	(F) prometna gužva

motorway	(F) autocesta
tank	(M) tenk
road roller	(M) valjak
excavator	(M) bager
tractor	(M) traktor
air pump	(F) zračna pumpa
chain	(M) lanac
jack	(F) dizalica
trailer	(F) prikolica
motor scooter	(M) motorni skuter
cable car	(F) žičara
guitar	(F) gitara
drums	(M) bubnjevi
keyboard (music)	(F) klavijature
trumpet	(F) truba
piano	(M) klavir
saxophone	(M) saksofon
violin	(F) violina
concert	(M) koncert
note (music)	(F) nota
opera	(F) opera
orchestra	(M) orkestar
rap	(M) rap
classical music	(F) klasična glazba
folk music	(F) folklorna glazba

rock (music)	(M) rock
pop	(M) pop
jazz	(M) jazz
theatre	(N) kazalište
brush (to paint)	(M) kist
samba	(F) samba
rock 'n' roll	(M) rock 'n' roll
Viennese waltz	(M) Bečki valcer
tango	(M) tango
salsa	(F) salsa
alphabet	(F) abeceda
novel	(M) roman
text	(M) tekst
heading	(M) naslov
character	(M) znak
letter (like a, b, c)	(N) slovo
content	(M) sadržaj
photo album	(M) foto album
comic book	(M) strip
sports ground	(M) sportski teren
dictionary	(M) rječnik
term	(M) semestar
notebook	(F) bilježnica
blackboard	(F) ploča
schoolbag	(F) školska torba

school uniform	(F) školska uniforma
geometry	(F) geometrija
politics	(F) politika
philosophy	(F) filozofija
economics	(F) ekonomija
physical education	(M) tjelesni odgoj
biology	(F) biologija
mathematics	(F) matematika
geography	(M) zemljopis
literature	(F) književnost
Arabic	(M) arapski
German	(M) njemački
Japanese	(M) japanski
Mandarin	(M) mandarinski kineski
Spanish	(M) španjolski
chemistry	(F) kemija
physics	(F) fizika
ruler	(N) ravnalo
rubber	(F) gumica za brisanje
scissors	(F) škare
adhesive tape	(F) ljepljiva traka
glue	(N) ljepilo
ball pen	(F) kemijska olovka
paperclip	(F) spajalica
100%	sto posto

0%	nula posto
cubic meter	(M) kubni metar
square meter	(M) kvadratni metar
mile	(F) milja
meter	(M) metar
decimeter	(M) decimetar
centimeter	(M) centimetar
millimeter	(M) milimetar
addition	(N) zbrajanje
subtraction	(N) oduzimanje
multiplication	(N) množenje
division	(N) dijeljenje
fraction	(M) razlomak
sphere	(F) sfera
width	(F) širina
height	(F) visina
volume	(M) volumen
curve	(F) krivulja
angle	(M) kut
straight line	(F) ravna crta
pyramid	(F) piramida
cube	(F) kocka
rectangle	(M) pravokutnik
triangle	(M) trokut
radius	(M) polumjer

watt	(M) vat
ampere	(M) amper
volt	(M) volt
force	(F) sila
liter	(F) litra
milliliter	(F) mililitra
ton	(F) tona
kilogram	(M) kilogram
gram	(M) gram
magnet	(M) magnet
microscope	(M) mikroskop
funnel	(M) lijevak
laboratory	(M) laboratorij
canteen	(F) kantina
lecture	(N) predavanje
scholarship	(F) stipendija
diploma	(F) diploma
lecture theatre	(F) predavaonica
3.4	tri zarez četiri
3 to the power of 5	tri na petu
4 / 2	četiri podijeljeno s dva
1 + 1 = 2	jedan plus jedan jednako je dva
full stop	(F) točka
6^3	šest na treću
4^2	četiri na kvadrat

contact@pinhok.com	kontakt et pinhok točka kom
&	i
/	(F) kosa crta
()	(F) zagrada
semicolon	(F) točka sa zarezom
comma	(M) zarez
colon	(F) dvotočka
www.pinhok.com	ve ve ve točka pinhok točka kom
underscore	(F) donja crta
hyphen	(F) crtica
3 - 2	tri minus dva
apostrophe	(M) apostrof
2 x 3	dva puta tri
1 + 2	jedan plus dva
exclamation mark	(M) uskličnik
question mark	(M) upitnik
space	(M) razmak
soil	(N) tlo
lava	(F) lava
coal	(M) ugljen
sand	(M) pijesak
clay	(F) glina
rocket	(F) raketa
satellite	(M) satelit
galaxy	(F) galaksija

asteroid	(M) asteroid
continent	(M) kontinent
equator	(M) ekvator
South Pole	(M) Južni pol
North Pole	(M) Sjeverni pol
stream	(M) potok
rainforest	(F) prašuma
cave	(F) špilja
waterfall	(M) vodopad
shore	(F) obala
glacier	(M) ledenjak
earthquake	(M) zemljotres
crater	(M) krater
volcano	(M) vulkan
canyon	(M) kanjon
atmosphere	(F) atmosfera
pole	(M) pol
12 °C	dvanaest stupnjeva Celzijevih
0 °C	nula stupnjeva Celzijevih
-2 °C	minus dva stupnja Celzijeva
Fahrenheit	(M) Farenhajt
centigrade	(M) Celzij
tornado	(M) tornado
flood	(F) poplava
fog	(F) magla

rainbow	(F) duga
thunder	(F) grmljavina
lightning	(F) munja
thunderstorm	(F) oluja s grmljavinom
temperature	(F) temperatura
typhoon	(M) tajfun
hurricane	(M) uragan
cloud	(M) oblak
sunshine	(N) sunce
bamboo (plant)	(M) bambus
palm tree	(F) palma
branch	(F) grana
leaf	(M) list
root	(M) korijen
trunk	(N) deblo
cactus	(M) kaktus
sunflower	(M) suncokret
seed	(N) sjeme
blossom	(M) pupoljak
stalk	(F) stabljika
plastic	(F) plastika
carbon dioxide	(M) ugljični dioksid
solid	(F) krutina
fluid	(F) tekućina
atom	(M) atom

iron	(N) željezo
oxygen	(M) kisik
flip-flops	(F) japanke
leather shoes	(F) kožne cipele
high heels	(F) štikle
trainers	(F) tenisice
raincoat	(F) kabanica
jeans	(F) traperice
skirt	(F) suknja
shorts	(F) kratke hlače
pantyhose	(F) hulahopke
thong	(F) tange
panties	(F) gaćice
crown	(F) kruna
tattoo	(F) tetovaža
sunglasses	(F) sunčane naočale
umbrella	(M) kišobran
earring	(F) naušnica
necklace	(F) ogrlica
baseball cap	(F) šilterica
belt	(M) pojas
tie	(F) kravata
knit cap	(F) pletena kapa
scarf	(M) šal
glove	(F) rukavica

swimsuit	(M) kupaći kostim
bikini	(M) bikini
swim trunks	(F) kupaće gaće
swim goggles	(F) naočale za plivanje
barrette	(F) španga
brunette	brineta
blond	plavokosa
bald head	ćelava glava
straight (hair)	ravna
curly	kovrčava
button	(M) gumb
zipper	(M) zatvarač
sleeve	(M) rukav
collar	(M) ovratnik
polyester	(M) poliester
silk	(F) svila
cotton	(M) pamuk
wool	(F) vuna
changing room	(F) kabina za presvlačenje
face mask	(F) maska za lice
perfume	(M) parfem
tampon	(M) tampòn
nail scissors	(F) škarice za nokte
nail clipper	(F) grickalica za nokte
hair gel	(M) gel za kosu

shower gel	(M) gel za tuširanje
condom	(M) kondom
shaver	(M) aparat za brijanje
razor	(F) britvica
sunscreen	(F) krema za sunčanje
face cream	(F) krema za lice
brush (for cleaning)	(F) četka
nail polish	(M) lak za nokte
lip gloss	(N) sjajilo za usne
nail file	(F) turpija za nokte
foundation	(F) podloga
mascara	(F) maskara
eye shadow	(N) sjenilo za oči
warranty	(F) garancija
bargain	(F) pogodba
cash register	(F) blagajna
basket	(F) košara
shopping mall	(M) trgovački centar
pharmacy	(F) ljekarna
skyscraper	(M) neboder
castle	(M) dvorac
embassy	(F) ambasada
synagogue	(F) sinagoga
temple	(M) hram
factory	(F) tvornica

mosque	(F) džamija
town hall	(F) gradska vijećnica
post office	(F) pošta
fountain	(F) fontana
night club	(M) noćni klub
bench	(F) klupa
golf course	(M) golf teren
football stadium	(M) nogometni stadion
swimming pool (building)	(M) bazen za plivanje
tennis court	(M) teniski teren
tourist information	(F) turističke informacije
casino	(M) kasino
art gallery	(F) umjetnička galerija
museum	(M) muzej
national park	(M) nacionalni park
tourist guide	(M) turistički vodič
souvenir	(M) suvenir
alley	(F) aleja
dam	(F) brana
steel	(M) čelik
crane	(M) kran
concrete	(M) beton
scaffolding	(F) skela
brick	(F) cigla
paint	(F) boja

1801 - 1825

nail	(M) čavao
screwdriver	(M) odvijač
tape measure	(M) metar
pincers	(F) kliješta
hammer	(M) čekić
drilling machine	(F) bušilica
aquarium	(M) akvarij
water slide	(M) vodeni tobogan
roller coaster	(M) vlak smrti
water park	(M) vodeni park
zoo	(M) zoološki vrt
playground	(N) igralište
slide	(M) tobogan
swing	(F) ljuljačka
sandbox	(F) kutija s pijeskom
helmet	(F) kaciga
uniform	(F) uniforma
fire (emergency)	(M) požar
emergency exit (in building)	(M) izlaz u nuždi
fire alarm	(M) protupožarni alarm
fire extinguisher	(M) aparat za gašenje požara
police station	(F) policijska postaja
state	(F) savezna država
region	(F) regija
capital	(M) glavni grad

visitor	(M) posjetilac
emergency room	(F) hitna pomoć
intensive care unit	(F) jedinica intenzivne njege
outpatient	(M) dispanzer
waiting room	(F) čekaonica
aspirin	(M) aspirin
sleeping pill	(F) tableta za spavanje
expiry date	(M) datum isteka
dosage	(N) doziranje
cough syrup	(M) sirup za kašalj
side effect	(F) nuspojava
insulin	(M) inzulin
powder	(M) prah
capsule	(F) kapsula
vitamin	(M) vitamin
infusion	(F) infuzija
painkiller	(M) analgetik
antibiotics	(M) antibiotik
inhaler	(M) inhalator
bacterium	(F) bakterija
virus	(M) virus
heart attack	(M) srčani udar
diarrhea	(M) proljev
diabetes	(M) dijabetes
stroke	(M) udar

asthma	(F) astma
cancer	(M) rak
nausea	(F) mučnina
flu	(F) gripa
toothache	(F) zubobolja
sunburn	(F) opekline od sunca
poisoning	(N) trovanje
sore throat	(F) grlobolja
hay fever	(F) peludna groznica
stomach ache	(F) bol u trbuhu
infection	(F) infekcija
allergy	(F) alergija
cramp	(M) grč
nosebleed	(N) krvarenje iz nosa
headache	(F) glavobolja
spray	(M) sprej
syringe (tool)	(F) šprica
needle	(F) igla
dental brace	(M) zubni aparatić
crutch	(F) štaka
X-ray photograph	(M) rendgen
ultrasound machine	(M) ultrazvučni stroj
plaster	(M) flaster
bandage	(M) zavoj
wheelchair	(F) invalidska kolica

blood test	(M) krvni test
cast	(M) gips
fever thermometer	(M) toplomjer
pulse	(M) puls
injury	(F) ozljeda
emergency	(M) hitan slučaj
concussion	(M) potres mozga
suture	(M) šav
burn	(F) opeklina
fracture	(F) fraktura
meditation	(F) meditacija
massage	(F) masaža
birth control pill	(F) kontracepcijska pilula
pregnancy test	(M) test za trudnoću
tax	(M) porez
meeting room	(F) soba za sastanke
business card	(F) posjetnica
IT	(M) IT
human resources	(M) ljudski resursi
legal department	(M) pravni odjel
accounting	(N) računovodstvo
marketing	(M) marketing
sales	(F) prodaja
colleague	(M) kolega
employer	(M) poslodavac

employee	(M) zaposlenik
note (information)	(F) bilješka
presentation	(F) prezentacija
folder (physical)	(F) fascikla
rubber stamp	(M) pečat
projector	(M) projektor
text message	(F) tekstualna poruka
parcel	(F) pošiljka
stamp	(F) marka
envelope	(F) omotnica
prime minister	(M) premijer
pharmacist	(M) farmaceut
firefighter	(M) vatrogasac
dentist	(M) zubar
entrepreneur	(M) poduzetnik
politician	(M) političar
programmer	(M) programer
stewardess	(F) stjuardesa
scientist	(M) znanstvenik
kindergarten teacher	(F) teta u vrtiću
architect	(M) arhitekt
accountant	(M) računovođa
consultant	(M) savjetnik
prosecutor	(M) tužitelj
general manager	(M) generalni menadžer

1926 - 1950

bodyguard	(M) tjelohranitelj
landlord	(M) stanodavac
conductor	(M) kondukter
waiter	(M) konobar
security guard	(M) zaštitar
soldier	(M) vojnik
fisherman	(M) ribolovac
cleaner	(M) čistač
plumber	(M) vodoinstalater
electrician	(M) električar
farmer	(M) farmer
receptionist	(M) recepcioner
postman	(M) poštar
cashier	(M) blagajnik
hairdresser	(M) frizer
author	(M) autor
journalist	(M) novinar
photographer	(M) fotograf
thief	(M) lopov
lifeguard	(M) spasilac
singer	(M) pjevač
musician	(M) glazbenik
actor	(M) glumac
reporter	(M) reporter
coach (sport)	(M) trener

1951 - 1975

referee	(M) sudac
folder (computer)	(F) mapa
browser	(M) preglednik
network	(F) mreža
smartphone	(M) pametni telefon
earphone	(F) slušalica
mouse (computer)	(M) miš
keyboard (computer)	(F) tipkovnica
hard drive	(M) tvrdi disk
USB stick	(M) USB stick
scanner	(M) skener
printer	(M) pisač
screen (computer)	(M) zaslon
laptop	(M) laptop
fingerprint	(M) otisak prsta
suspect	(M) osumnjičenik
defendant	(M) optuženik
investment	(F) investicija
stock exchange	(F) burza
share	(F) dionica
dividend	(F) dividenda
pound	(F) funta
euro	(M) euro
yen	(M) jen
yuan	(M) juan

dollar	(M) dolar
note (money)	(F) novčanica
coin	(F) kovanica
interest	(F) kamata
loan	(M) zajam
account number	(M) broj računa
bank account	(M) bankovni račun
world record	(M) svjetski rekord
stopwatch	(F) štoperica
medal	(F) medalja
cup (trophy)	(M) pehar
robot	(M) robot
cable	(M) kabel
plug	(M) utikač
loudspeaker	(M) zvučnik
vase	(F) vaza
lighter	(M) upaljač
package	(N) pakiranje
tin	(F) limenka
water bottle	(F) boca za vodu
candle	(F) svijeća
torch	(F) baklja
cigarette	(F) cigareta
cigar	(F) cigara
compass	(M) kompas

Made in the USA
Columbia, SC
10 September 2020